자네 밥은 먹고 다니시는가

양성수 시집

산과들

- 임실군 관촌에서 출생
- 하사관 전역 후 자영업을 거쳐
- 지금은 인테리어 기능직 종사
- 복사골 문학회 회원 소향시 동인
- 시집으로는,
  『살며 살며 살아가노라면 1 · 2』
  『철조망에도 걸리지 않는 바람처럼』 등이 있다
- E-mail. addong35@hanmail.net

머 | 리 | 말

네번째 시집을 내며

부족한 이 시집을 내는데 음으로 양으로 도와주신 민충환 교수님, 김원준 시인님, 구미리내 교수님, 그리고 사진작가 차태우 선생님께 뜨거운 고마움을 전합니다.

2018년 1월

양 성 수

제 1부

그러더이다

청보리 밭에서

붉은 땅 수탈의 현장
처절했던 기미년 민초들의 함성은 산새 소리에 묻히고
가난을 이겨낸 청보리 오늘은 추억의 길동무다

아, 나그네 신발에 질척이며 달라붙는 황토는
뜨거웠던 님들의 절규 잊지 말란 부탁이던가

고창 읍성에서

양팔 벌려 껴안을 만큼 좁은 내 땅
너도 나도 돌 지고 날라 성벽 5리

누구의 땀
누구의 피로 세워진 성벽 위를
읍성 위해 가쁜 숨 한 번 몰아쉰 적 없는 내가 걷는다

오라지

콧등

툭

비,

한 홉 햇살이면 모다깃비도 비켜설 빗방울이 떨어진다

두려움 없는 사랑

처음 맞이한
눈 시린 아침
어느 곳에 피어난들 천국 아닌 곳이 있겠습니까?

이제는 봄입니다

겨우내 꽁꽁 싸매었던 볼멘 속마음
냇가에 들녘에 툭,
터트렸습니다
송이송이 꽃송이로

내 마음도 덩달아 터졌습니다

그림 그리기

산과 바다를 그리면 하늘이 보이듯
너를 그리면 내 마음이 보인다

장구항에서

머리에 海松 이고
밀물에 발 적시고 지켜 온 세월

뼈 부서지고
살 무너져 기암 바위산
누구인들 노을빛에 너만 할까

오늘

그 추웠던 겨울이 없었더라면
오늘처럼 눈 시려운 계절은 오지 않았으리

우리들 가슴에

해를
달을
별을 띄우자

어릴적 뒷동산에 연 띄우듯

마음 사용 설명서

성난 우레 내닫고
화살 빗줄기 내리꽂힐 때
햇살 한 줌이면 세상이 웃네

피장파장

해 뜨면 새들 맘껏 하늘 날지만
밤이 되면 뻥 뚫린 하늘이 지붕이라
새처럼 날지 못하는 이내 몸은
밤이면 이불 덮고 곤한 꿀잠 자누나

벗

진정한 벗이라면
촌수가 필요없어
무엇이 흠 되리요

한때는

나도 川이었다

정의란 무엇인가

지켜내야 하는 자.

살아내야 하는 자.

공존의 DMZ 가시철망 날카롭다

덕분입니다

보이지 않던, 들리지 않던 것들이
보여지고 들려짐은
무겁던 세상 내려놓고
그득했던 그릇 비워내라 일깨워 준
세월 그대였군요

믿음이란

나를 놓아버리는 것

낭떠러지에서 마저 나를 놓아버리는 것

내 당신의 뜻 알기에
아니, 내 당신의 뜻 아직은 온전히 알 수 없지만
오직 당신의 나에 대한 사랑하심만을 붙잡고
나를 놓아버리는 것

신세계

어린 아이의 손 끝에는
콜럼버스 신대륙이

열려라 참깨

계급장 떼고
손 내밀고
눈 맞추고
다가서면
비밀의 문은 열리리니

첫사랑

유치원에서 돌아온 손자, 할미! 할미!

유단이가 아, 힘들어 하며 이렇게 했다
하면서 고개를 할미 어깨 위에 기댄다

그래서 너는 어떻게 했어
응, 그냥 웃었어

손자 얼굴이 아침 햇살이다

비워내고 비워지고

마음 무거워 힘들기 전에
또르르 말아

떨
구
고

하조대에서

펄펄 끓어오른 파랑 넘치고 넘쳐
해안선으로 돌진하는 장갑차처럼 달려들어
시퍼렇던 세월 백발 되도록
갯바위 깨트리다 깨트리다 지쳐버린 그날 바다는
내내 아무런 말도 없었다

흔들릴 때

생각이
흔들릴 때는
일단 놓아 버리자
그 생각들 방황 끝내면
환한 얼굴로 다가설 테니

그러더이다

살아보니 견뎌지더이다

견뎌보니 살아지더이다

할미꽃

모두 떠난 고향집

쪽마루에는 할미
장독대 뒤편 빈터에는 할미꽃

울타리 넘어가던 세월 눈물 훔친다

마음 밭 가꾸기

밭 흙 한 줌 인삼

밭두렁 하나 사이

산 흙 한 줌 산삼

못 빼내는 날

살아온 날
늦어버린 오늘일지라도
잘못 박힌 못 하나 빼낼 수만 있다면

무게추

사람이 무거우면 얼마나 무거워야 하고
가벼우면 얼마까지 가벼워도 되나

생각은 그놈의 침묵처럼
행동은 그녀의 봄날처럼

물레방아

방아 찧던 물레방아
비워내고
비워내고

칼날 세월 토닥이며
삶의 무게 비워내며

유난만 떨지 않는다면야

아는 척
있는 척
잘난 척

인성이 여물어 가는 소음
어찌 먼지와 소음 없이 집을 지으랴.

이런 사람 저런 사람

다 가졌지만
알고 보면 가진 게 하나도 없는 사람

변변치 못해 보여도
알고 보면 다 가진 사람

그 비밀의 문

사랑

청춘들이여

빗방울 떨어지는 오늘이야 하릴없다만
고흐의 해바라기인들 너희만 할까

내 마음이 감옥

세상 것 잔뜩 실은 바람 風은 단풍 풍쯤으로 여기고
시간 속으로 풍덩 던져버리자
벌건 황토물 지장수 되어질 때까지

솔잎보다 많고많은 날 중에
무슨 일인들 없겠는가

말을 걸어오면

어느 날 문득 인생의 물음표가 말을 걸어오면
알고 있던 얘기 무심코 말하지 마세요
인생에는 정답 오답 뒤섞여 있으니

한번쯤 익숙치 않던 길로 들어서도
길은 또 다른 길 알려줄 테니

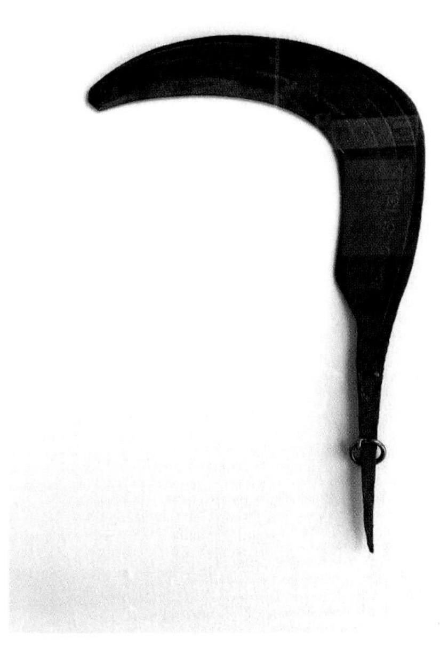

살아내기

요동치는 땅거죽 위 멀미하는 남자여!

몸은 비틀거릴지라도
마음만은 비틀거리지 말자

마음은 비틀거릴지라도
몸만은 비틀거리지 말자
우리.

햇밤

어금니로 껍질 벗겨 콱 깨물으니
느닷없는 호통소리
웬 놈이냐?

알고 보니, 동면 준비하던 라바 닮은 밤톨 주인장

아쿠, 죄송합니다

罷場

수세미 할머니
길거리 하루 종일 좌판 노점
꾸깃돈 쌈지 넣고 이제서야 허리 한번

가을을 연주하다

머언
하늘

따뜻한
등짝

피아노와 산들바람의 앙상블

관조

바람이 부는가
세월이 오는가

구름이 오는가
세월이 가는가

그대도 가는가

이 가을에

江은 세월을
단풍은 수줍음을
구름은 고향 하늘을
들판은 농부의 땀냄새를

나는 이 가을에 무엇을 나를꼬

盛夏 속 晩秋

베란다 창틀보다 더 큰 캔버스
마당비 큰 붓 물감 듬뿍
척~

누가 여기까지 고향 하늘 옮겨 왔을까

세월은 어디 가고 ①

늙은 햇살

늙은 세월

내 서 있는 곳
내 가는 곳 어드메일까

그림자 없는 사랑

수련꽃 닮아 해맑은 소녀
눈부신 열일곱 햇살에 눈멀어
그림자 없는 사랑 꿈꾸었네

길어진 그림자 속
살아온 세월만큼 당신 사랑하오

가을 하늘 왈

단풍비 타고
ㅍ
·
·
·
ㅡ
ㄱ
뛰어내려 네 품에 안겨볼까나

당신께 드릴게요

파란 엽서 한 장

이보다 더 좋을 수야

매일
아침이
설레임으로 다가설 때

가을, 나에게 묻다

주황

노랑

빨강

무지개 꽃바람이 묻는다

너는 지금

아름답게 물들고 있느냐

낙엽 되어 떨어진들 여한 없는 삶이었더냐

가슴 타는 계절

누구라도 생명의 빛 스러져 갈 때
깊어가는 가을빛처럼 맑아지고 고와지겠지
남 보기에
스스로 보기에
부끄럽게 살았을지라도

뒹구는 세월

내 무릎 위에 앉았던 이들은 다 어디 갔나

하릴없는 빈 무릎엔 바람만 어지럽다

따라해보기

뿌리는 깊고
줄기는 굵으나
가지는 여유롭고
그 이파리는 여리다

아프냐

마음 퍼렇게 멍든 사람아
하늘을 보라

하늘도 저리 시퍼렇거늘 어찌
어찌 너 혼자만 퍼렇다 아파 할까

너도 저처럼 맑은 하늘 닮으려 그렇게 아프나 보다

환생

탁한 세상 발 담그고
피워내던 善한 연꽃
살아 생전 業
비우고 비워내
천마리 학으로 돌아왔다

눈 내린 날

눈꽃 지나간 자리 꽃향기가 남아 있습니다
비둘기 지나간 자리 비둘기 발자국이 남았습니다
당신이 걸어간 자리에도 당신 발자국이 남겨졌습니다
무심코 딛고 간 그 발자국 뒤 무엇 남겨 두셨나요

내려놓으면 보이는 것들

생각도 작아지고 마음도 작아져라

울산바위 같은 기대치도
대청봉 같은 욕심도

작아지고 낮아지면
보이지 않던 행복 나타나리니

둥글게 둥글게

나무가 둥그니
나이테도 둥글고

네 삶이 둥그니
세상도 둥글둥글

한 권의 책

단비에 꿈을 키운적도 있었노라
햇살 받아 따뜻한 시절도 누렸노라
바람결에 꽃들의 웃음소리도 들었노라
붉은 저녁 노을의 황홀한 정경도 보았노라
내 이렇게 간 들 무엇이 서럽고 아쉬울까보냐

제 2부

마음이 걸려 올려질 때

비 갠 하늘

글 좀 쓴다고
아침저녁 고슬고슬한 밥이
월말이면
카드값 결제할 돈이 나오는 것도 아닌데

시어가
시적 표현이 어쩌구 저쩌구
행이
연이 이렇고 저렇고 머리 싸매는
넌

네 글
푸른 하늘에 먹을 갈아 새길만 하더냐

비 오는 날의 對面

하룻밤 지낸 충주 일터에 아침부터
비가 온다

낯선 골목길에 꽃이 피었다
오늘도 제 할 일 다 하려는 게 짠하다

물었다
네 이름 무어냐고
그저 발그레 웃기만 할 뿐

하기야
너도 날 처음 보니
선뜻 말 섞기가 쑥스러울 수도 있겠지
나 역시 그러하니까

그런데 궁금하다
내년 여름에도 다시 오는 거니
아니면 한 해로 네 소임 다하는 거니

아,

아침은 먹었니

비가 와서 입맛은 덜 하겠지만

그래도 먹어야 또 하루의 힘이 되니 거르지는 말고

비가 유난히 차갑다

하지만 오늘도 좋은 날

내년에도 우리

서로 생각났으면 좋겠다

붉은 수은주

체감온도 체온 넘나들고
입으로
뉴스로
덥다
지글지글 끓는다 하지만
온종일 땀으로 목욕하고
또다시 페트병 물로 땀을 만들지만
못 견 디 게
짜 증 나 게
덥다는 생각은 들지 않는다
몸으로 먹고사는 육체 노동자
소금물 공격에 눈썹 뚝 무너져도
여름이니까 그러려니 한다
땀방울 땅바닥에 한 방울 떨굴 때마다
가족은 선풍기 바람 한 점 살 수 있기에

쉿

건우야
엄마 회 사 가 싸 다 오 르 게

회사 가기 싫어?
ㅇ ㅡ ㅇ
-
내가 안 가게 해줄까?
응
생 각 해 봤 는 데 에
할미한테 머리 열 나는 것 같다고 말해

나, 이런 사람이야

필리핀에서 선교 활동하는
선교사님 아홉 살 딸아이
초면인 외손자와 놀다가
손아래 남자 아이가
짓궂게 굴어 조금은 화가 났는지
나 태권도 흰띠야

일곱 살 손자,
나는 백호랑이띠야

여자아이,
그런 띠 말고

손자,
우리 엄마는 닭띠고 외숙모는 생쥐띠야
내가 우리 집에서
제.에.이.일 무 서 워

세상 이치 읽어내기

똥 기저귀 갈아주며
안아 주고 업어 주고 몇 해
초등학교 갓 들어간 손자 어느 날 선전포고

제 방문에 적어 붙인
할미 건우 방 금지

할미도 뒤질세라 방문에 더 큰 글씨로
건우 할미 방 절대 금지

그제야 상황 파악한 손자
건우방 금지란 글 뒤에 덧붙인
[안임]

할미도 뒤따라 할미방 절대 금지 뒷글에
[아님]

강아지가 되고픈 아이

주일날
가족 모두 교회 가려는데 외손자는 가기 싫단다

모두 가는데 혼자만 집에 있을 거냐 하니
똘똘이도 안 가는데 한다

똘똘이는 강아지라 가지 못한다 하니
갑자기 손자 녀석
주먹 쥐고 네 발로 기는가 싶더니

월 월 월

하늘을 가르키려다

아침 굶은 손주
점심도 먹지 않고

식탁 붙들고 바라보길래
너는 왜 밥을 안 먹느냐 물으려다
며칠 전 글을 쓴 '자네 밥은 먹고 다니는가' 詩句가 생각나
손주에게

자네 !
자네 !

잠자코 있던 손주 갑자기 큰소리로

안 자 !

이빨 요정

손자,
앞니 두 개가 핑크빛이더니 결국 흔들흔들

치과에서 이를 뽑고 오더니
머리맡 두고 자면 요정이 나쁜 이 가져가고 좋은 이 가져온다는 얘길 듣고
창문틀에 놓고 잠들었는데

앞니 두 개 밤새 없어지고
그 자리에 개미만한 요정 맨발자국 여기저기

할아버지
할아버지
요정이 왔다 갔어요
이빨이 없어지고 레고와 요정 발자국이 있어요
이빨 대신 레고 갖다 주러 왔었나 봐요

근데 금빛 발자국에서 매니큐어 냄새가 나요!

어, 요거 먹히네

거실에서 주방쪽으로
슈우웅
내닫던 꼬마 우사인볼트
아침 식사중이던 식탁 옆에
퍽!
회초리 맞은 개구리되어

쭉!

울까? 말까?
0.5초
그새 재빨리 내가
와~ 멋 있 다

손자! 안 멋있어!

큰바위 얼굴

외손자,
식탁에 앉았다가
제 외삼촌 얼굴과 목에 점 발견
뜬금없이
삼촌 점 많..네
하나, 둘, 셋, 넷, 다섯

그러다가 샘이 났던지 불쑥 자기도
팔뚝
등
엉덩이에 점 있다며 으스댄다

외삼촌
가소롭다는 듯
손으로 짚어가며
난
여기여기 여기도 있는데

손자
눈 동그래지며

나도 삼촌처럼 점 많았으면 좋겠다

마음이 걸려 올려질 때

바다마저
비밀의 深淵 다 알지 못해

그대가 무심결
낚싯대 드리운다 해도
낚이어 올려지는 것들은

그 무엇일지라도
오직 그대 몫

선인장꽃

나는 꽃이 아니에요

쏟아붓는 태양 아래
목이 말라
목이 말라

숨이 막혀
숨이 막혀
이파리 한번 피워보지 못하고
가시 온몸 쥐어짠
한 방울
물

사막의 눈물이에요

바람이려오

촘촘한 그물
높다란 담장 앞에서도
하늘 향해 징징대지 않는

굽히지도
찔리지도 않는
그래서 가시나무 위에서도 울지 않는

베이지도
눈 감아버리지도 않는
그래서 칼날 위에서도 미끄럼 타는

가는 날에

비
머금은 바람이 분다
변한 것은 없다

해 뜨고
달 지고
꽃 지고
눈 오고
변한 게 있다면 우리뿐.

다행이다!

자연과 싸워 이겨낸 자연

오랜만에 아내와 농산물 시장에 갔다
가지런히 포장된 농산물들 와글와글

상추
오이
쪽파
마늘
감자
양배추

수박
참외
살구
자두
매실
토마토
논밭 들판은 입술 적실 물도 없다는데

가뭄에 가뭄이 더하여 질지라도… …

벗어던져라 그대의 신발을

텅 빈 백지를 두려워 마라
여백은
두려워하지 않는 이를 두려워하노니

알 수 없는 미래를 두려워 마라
미래는
두려워 않는 이에게 자신을 내어놓으리니

텅 빈 백지 앞에
까만 미래 앞에
그대의 신발을 벗어던져라
열 개의 발가락이 창과 방패 되어주리니

일천 개의 鏡

큰스님 선문답하듯
산은 산이요 물은 물이라 말하지 말라

산속에 물 있고
물속에 산 있느니

보이는 대로 보려 하지 말고
생각되는 대로 생각하려 하지 말라

보여지는
생각되어지는 것들은
얼룩진 거울 속에 비친 네 마음이려니

산에서 물을
물에서 산을 보라
산과 물은 태초부터 하나였음을 알게 되리니

톱질은 해도 도끼질은

하나를 보면 둘이 보일 때가 있다
하나를 알면 둘을 알게 될 때도 있다

둘을 보아도 하나도 모를 때가 있다
둘은 알아도 하나는 모를 때가 있다

미루어 짐작은 하지만
예단은 하지 마라

오늘 날씨 안다고
다음 달 비 올 것까지 알겠느냐

심증을 물증처럼 도끼질 하지 말라
그 심증이 튕겨져 네 정강이를 후려칠 테니

왜 사느냐 묻거든

네가
아파해서
울고

네가
행복해 해서
울고

너를 위해
울어줄 수 있고

너를 위해
웃어줄 수 있는

눈물 속 웃음
웃음 속 눈물

주거니
받거니

너 때문에 산다

사랑.

일터에서

아차

한순간
날카로운 칼날에 손가락 베니
동백꽃 붉은 피 피어난다
大雪이 엊그제였는데
철도 모르고

피고 싶어 피어나는 동백꽃 누가 막을까

아
내게서 붉은 동백꽃 피어남은
아직도 힘차게 심장이 뛰고 있음이려니

탄금대에서

떠나야만 했던 나라
남이였던 땅 충주에서
망향의 우륵 가야금 소리
강물에 낙화되어 흐르고 흘러갔다

지켜야만 했던 나라
쫓기고 쫓기운 땅 배수진 탄금대에서
조선의 장수 신립과 8천 병사
20여 길 낭떠러지 남한강물 핏빛으로 물들였다

우륵의 금 소리
신립 병사들 비명
오늘도 탄금대 뱅뱅 맴돈다

꽃들의 웃음소리

한 다발 샀다
길가 간이가게에서
꽃향기에 울적함이 녹여진다

아내가 토요일에 친정 다녀온다기에
감사헌금 준비해 달랬더니 이번 달은 안된단다

움찔하는 내 모습 조금은 초라해 보이지만
볼멘 목소리는 싫어 입 닫았다

지인의 북 콘서트 다녀오는 길
지하철역 부근에서 꽃 가게를 보는 순간 나보다 더
마음 상해 있을 아내 생각이 났다
꽃을 참 좋아했지만 꽃 선물 언제였는지 가물가물

장미 스물다섯 송이
백합 한 송이

크게 반기지는 않았지만 내심 좋아하는 것 같아
다행이다 싶다
투박한 항아리 꽃병에
화사한 꽃 꽂으니 꽃과 꽃병이 서로 바라보며 웃는다

찔끔거리고 싶어도 울지는 말자
눈물 흘릴 힘 있다면
그 힘으로
웃자

새벽 2시 46분

6시 알람이 눈꺼풀을 채근거린다
잠을 청해야겠다

내가 죄인이로소이다

퇴근 후 집에 오니 야전 병동이다
아내 양 무릎은 피가 나는 타박상
손가락 하나는 골절이다
바지는 찢기고 휴대폰 덮개도 찢겨나갔다
밤길 보도블록에 걸려 넘어졌단다

아내 하는 말
내가 벌을 받았나 봐!

작은방 침대 누워만 지내는 친척
TV는 골동품
너무 작고 화상 엉망
아내 허락받고 사드리려 했더니 펄쩍
마음만은 매한가지지만
우리 살림도 넉넉지 못한데 하며

세상 이치론 맞지만 마음에 걸리고 걸려
칭얼거리는 통장 잔액 몇 달간 어르고 달래 우겨다짐 거사

초등학생도 들고 다닌다는 휴대폰 없던 아내
홧김에 그날로 덜컥
첫날 날벼락

마음만은 착한 아내
무대책 남편 때문에 죄인 만들다니

세월은 어디 가고 ②

산에 올라보니
하얀 찔레꽃 피고 지는 줄도 몰랐어라

이 산 저 산 뻐꾸기
야속타 야속타 뻐꾹 뻐꾹

투박이 발걸음인들 너희에게 무심코 싶었겠냐마는
세상이 가로막아 오지 못 했을 뿐

너도 가고
나도 가는 세월

아카시아 꽃잎 피우던 산새들 소리
무심히 잊혀가던 옛사람 실어 나르네

마음 가는 곳마다

가을빛에 들어가니
가을빛 물들어

산에 드니
산이되고

꽃에 드니
꽃이되고

태극기는 말한다

동쪽 바다 지키는 우산봉 대한봉
바다제비 괭이갈매기 샛바람 탈 때
민들레 괭이밥 섬장대 터를 잡고
방어 오징어 숨바꼭질하는
동도여
서도여

태극기 펄럭이며 동트는 동해
붉은 해돋이 대한을 깨우고
노을 물든 해거름 바다
하루 그물 걷는다

단 한 번도 일장기 나부낀 적 없는
한반도 동쪽 끝 바위섬 우산도
일본을 넘어 세계를 향해
진실을 밝힌다
역사를 말한다

독도는 독도다

삶의 엘리베이터

옥탑방에 산다 불쌍타 마세요
얼마 전
반지하에서 햇볕 하나 샀으니까요

반지하에 산다 불쌍타 마세요
얼마 전
고시원에서 창문 하나 샀으니까요

고시원에 산다 불쌍타 마세요
얼마 전
PC방에서 침대 하나 샀으니까요

PC방에 산다 불쌍타 마세요
눈, 비 가릴 지붕은 있으니까요

내 고향은

천연기념물 387호 가침박달나무
388호 산개나리 군락 이룬
전라북도 임실군 관촌면 시기리

오원 강줄기 따라 펼쳐지는 산촌
길고 긴 관촌 다리 눈 들어 올리면
넉넉한 강변 안아주는 산줄기 봉우리들
대들보 용트림 기왓장 들썩
하늘에서 내려앉은 사선대 누각
그곳에 올라서면 누구라도 신선

구렁이 기어가듯 이어지는 오원 강
널따란 잔디밭 동심 되어 뒹구니
메밀밭 조각공원 조금은 낯설어도
누런 흙먼지 폴싹대던 신작로 눈에 선해
시간도 멈추는구나
관촌 사선대

살아가는 모습들

오랜만에 도서관 갔더니 장날이다
공사 중

돌아오는 길
공원 그늘에 누워 낮잠 즐기는 기다란 빈 의자를 깨웠다
동무하자며

햇살은 부드럽고 바람은 달콤하다

눈앞에 늘어선
소나무 벚나무 단풍나무 산죽 풀 포기들
생김새도 살아가는 모습도 각양각색

저네들도
우리네도
더불어 어우러져
이.리 살.아.가.야. 하. 는 것을..

한밤의 추억

빗소리에 잠에서 깼다
처마도 없는 아파트에 웬 낙숫물 소리?
평소에는 긴가민가
오늘 밤은 아예 대놓고
꽝 쾅쾅
번쩍

이러다 고성방가로 장대비님 잡혀갈 것 같다
그러거나 말거나
선잠을 깨웠는데도 밉기는커녕 반갑다
잊고 지낸 몇 년 만의 우렛소리인가
이제는 아득해진 옛날
양철지붕 콩 볶는 소리가 들려온다
어디선가
하늘과 양철지붕의 난타공연
가족 모두 방 한 칸에서 듣던 정겹던 소리
.
.
이제는 홀로 되어 듣는다

사랑이 메마르면

오르고
오르고
오르고
네 발 달린 짐승처럼 오르고

아침부터 심통 난 칼날 바위 어르며
멈칫

낙엽 미끌 내리꽂는 하산 길
어질

단풍은 무슨 단풍
물. 물. 물
부르짖다 목 쉰 누런 이파리들 홍남부두 철수작전

아
사랑 메마르면 우리네 가는 길도

하피첩

먼 남녘 유배지 강진 땅
산 넘고 내 건너 천릿길
말설고
물설고
낯설고
잠 설은

단봇짐에 고이 보낸
색 바랜 다홍치마
낯익고
향 익고
정 익은

아내는 병들고
지아비는 오가지도 못하는
무심한 세상
깨어진 세월

조각난 하피
벼루에 먹을 갈아
深淵의 情 전하네

시인 김현구

누구는
머리맡에 원고지 쌓아놓고 글 쓰는 게 소원이고

어떤 이는
시집 한번 내놓는 게 소원이었을 텐데

그런 원, 풀 수 있었건만
지전 몇 닢에 팔리기 싫어
한 권 시집 발간마저 포기한 이는 누구신가요

나라 잃고
나랏말마저 잃어가던 시절
남도의 자연과 인정을 사랑한 만큼 쏟아낸
여든다섯 수

육필에서
묻어나는 서늘한 기운

획마다
검불 한 점 없는 정화수

당신은 삶이 어떠했길래
이다지도 글이
시퍼렇나요

시인, 시간과 공간을 기록하다.

- 양성수 시인의 시세계

구미리내 (시인, 문학박사)

바다에 빠졌을 때, 우리를 살리는 것은 수영에 대한 이론적 지식이 아니라 살고자 하는 끝없는 노력이다. 물속으로 가라앉지 않기 위해 팔과 다리를 끊임없이 흔들어 댔을 때 우리는 비로소 살 수 있다. 삶에서 중요한 것은 배움이 아니라 실천이라는 것을 몸소 알려주는 일이다. 자전거는 페달을 밟지 않으면 앞으로 나갈 수 없다. 그렇다고 내리막길에서조차 힘껏 페달을 밟는다면 엄청난 가속으로 위험에 빠질 수 있다. 언제 어느 정도의 페달을 밟아서 바퀴를 굴릴 것인가 고민하면서 자전거가 멈춰 옆으로 넘어지지 않도록 계속 페달을 밟는 노력만이 자전거를 움직일 수 있다. 시도 마찬가지다. 치열한 예술 세계, 그것도 끊임없이 창작에 대해 고민하고 그 고민을 글로 옮겨 작품으로 승화 시켜야 하는 문학의 세계에서도 해박한 문학적 지식의 정도나 시 창작의 이론을 얼마큼 잘 알고 있느냐가 좋은 시인의 조건은 아니며 예술세계의 생존 조건은 더더욱 아니다. 태어날 때부터 문학적 재능을 가지고 태어난다면 더할 나위 없겠지만 재능을 타고났다고 하더라도 '삶 속에서' 시를 향한 끊임없는 고민과 노력만이 시인을, 시인으로서 살아남을 수 있게 한다. 아무 생각 없이 내리막길에서 자전거 페달을 밟는 다고 좋은 것이 아닌 것처럼 무조건 내 경험을 있는 그대로 글로 옮기기만 하는 것이 시가 아니라 어떻게 작품으로 변화시킬 것인지를 깊이 있게 생각하고 노력한다면 시는 다듬어지며 생각의 밖으로 튀어나오게 되어 있다.

문학은 창작의 세계이지만 넓은 의미로 보자면 삶에 대한 기록이다. 삶이 없다면 문학도 이룩하지 못한다. 살아온 순간, 시간과 공간이 모여 삶이 되는 만큼 살면서 겪는 모든 경험들과 그 경험들을 바탕으로 이루어지는 무한한 상상의 세계가 바로 문학이기 때문이다. 하지만 상상의 세계에서도 우리의 삶과 마찬가지로 시간과 공간이 필요하다. 시간과 공간의 적절성 없이 마구잡이인 세계는 그저 아이들의 '허무맹랑'한 생각에 그칠 뿐이다. 허구적인 삶에도 시간과 공간이 잘 갖추어져 있어야만 그럴듯한, 리얼리틱한 세계가 인정된다. 어거스틴에 의하면 시간이란 본질적으로 세계나 존재에 대한 의식이며 자아에 대한 각성이다 홍문표, 현대시학,양문각,p381

시인은 그런 측면에서 보면 시간을 관리하는 관리자일 수 도 있다. 자신이 살아온 모든 시간을 삶이라는 세계에 녹아들게 하고 녹아든 시간을 기억해내어 끊임없이 작품으로 다시 내뱉어 내고 있기 때문이다. 결국 시를 다듬어주는 것은 시간과 공간을 조합하는 시인의 힘이다.

양성수 시인은 뒤늦게 시의 세계에 뛰어들었지만 삶에 대한 깊은 통찰력으로 끊임없이 고민하고 노력하는 시인이다. 처음에는 무작정 자전거의 페달을 밟으며 앞으로 나가기만 했을지 몰라도 이제 그는 알고 있는 듯하다. 무조건 빨리 간다고 좋은 것이 아니라는 것을. 그래서일까 창작의 세계에서 살아남을 수 있는 방법이 문학적 지식에 있는 것이 아니라 주어진 시간에 대해 성실하게 임하며 깊이 고민하고 끝없이 노력하는 것이라는 것도 너무도 잘 알고 있다. 인생의 황혼기를 지나면서 살아온 시간과 공간을 차곡차곡, 삶이라는 이름으로 모아두었던 시인은 이제 작품으로 자신이 견뎌온 시간을 기록하고 있다.

보이지 않던, 들리지 않던 것들이
보여 지고 들려짐은
무겁던 세상 내려놓고
그득했던 그릇
비워내라 일깨워 준

세월 그대였군요.

디카시 <덕분입니다> 전문

빠르게 움직이는 기차가 다닐 수 있는 기찻길은 끝없는 직선의 연결이다. 침목 한 칸 한 칸이 쌓여 저리도 긴 길이 이루어진다. 우리의 시선으로는 닿을 수 없는 끝. 여름, 뜨겁다고 쉬지도 않고 겨울, 춥다고 움츠러들지도 않는다. 우리 삶이 그렇다.

문학은 우리가 가진 모든 체험적 시간들을 형상화시킨 결과물이다. 형상화하지 않은 시인의 모든 시간들은 그저 경험의 나열일 뿐이다. 이 시에서 시인은 깨달음의 시간을 이야기 하고 있다. 끝이 보이지 않는 철길처럼 시인은 오랜 세월 살아오면서 많은 일들을 겪어냈을 것이다. 기쁠 때도 있었고 슬플 때도 있었고 스스로 불행하다고 여길 때 도 있었을 것이고 행복할 때도 있었을 것이다. 좋을 때도 있고 나쁠 때도 있었다. 아플 때도 있었고 건강할 때도 있었을 것이다. 그러나 조금 젊었을 때는 차마 그것을 알지 못했으리라. 기뻤을 때도 기쁜 줄 모르고 행복했을 때도 행복인 줄 모른 채 자신의 시간들을 무심코 채워 나갔을지 모른다. 의미 없는 시간들로 가득 찬 우리들의 삶, 그래서 무겁기만 했던 그릇, 힘들기만 했던 세상이었다. 삶은 늘 그런 방식으로 후회라는 시간을 우리에게 보여주었다. 그래서 '보이지 않던' 것들도 많았고 '들리지 않던 것'들도 참 많았다. 일일이 나열할 수 없는 세월, 시인은 자신의 결집된 시간을 작품으로 변화시켜 독자들에게 보여주고 있다. 살면서 어느덧 감사함도 알게 된 시간, 시간이 아무리 흐른들 우리가 눈을 뜨고 귀를 열어놓지 않는다면 보이지도 들리지도 않을 것이다. '보이지 않던, 들리지 않던 것들이 보여 지고 들려짐'은 그래도 눈뜨고 귀 열고 열심히 달려온 시인 스스로 깨달음을 얻은 통찰의 시간 덕분이다. 시인은 '무겁던 세상 내려놓고', '그득했던 그릇 비워내라'고 말해준 '세월' 덕분이라고 겸손함을 보이지만 세월은 보이는 대상이 아니다. 우리에게 무언가를 해줄 수 있는 실제적 능력이 있는 대상도 아니다. '세월'은 우리들의 하루이자 한 달이고 봄, 여름, 가을, 겨울이라는 계절의 반복되는 시간을 포함하고 있다. 반복되는 시간은 길이를 잴 수 없는 상징적 시간이다. 결국 시인이 덕분이라고, 고마워하는 대상인 세월은 시인이 지나왔고 견뎌왔던 '시인의 축적된 시간들'인 셈이다. 보이지 않던 것들이 보이고 들리지 않던 것들이 들리고 이제는 무거운 짐 내려놓고 비우며 살아도 된다는 깨달음은 시인 스스로 부단히 노력해 왔던 시간으로 인해 가능했음을 증명하고 있다.

> 사람이 무거우면 얼마나 무거워야 하고
> 가벼우면 얼마까지 가벼워도 되나
>
> 생각은 그놈의 침묵처럼
> 행동은 그녀의 봄날처럼
>
> 디카시 <무게 추> 전문

아이들의 놀이터, 한 쪽에 고이 놓인 시소. 바람이 타고 있는 듯 팽팽한, 시소가 그어놓은 평행선. 그러나 어느 한 쪽이라도, 조금이라도 무게가 달라지면 시소의 평행선은 금방 흐트러지고 만다. 인생도 그러하다. 어쩌면 시소는 인생의 또 다른 모습이다. 시인은 아이들의 놀이터에서 조차 고민을 거듭한다. 시가 될 만한 소재, 시가 될 수 없는 소재란 따로 없다. 앞서 문학이 삶의 기록이라고 말했듯이 우리의 삶 안에 존재 하는 것이라면 무엇이든지 시가 될 수 있다는 말이다. 그래서 시인은 일상 속에서 만나는 모든 것을 놓치지 않는다. 대상을 바라보고 생각하고 끊임없이 고민하는 창작자 본연의 모습으로 살아간다.

시소는 무거운 쪽으로 쏠리는 놀이기구다. 그러나 그 무게는 절대적일 수 없다. 엄마와 아이 둘이 탄다면 시소는 어른인 엄마 쪽으로 기울어질 것이고 엄마와 아빠 둘이 탄다면 시소는 남자 어른인 아빠 쪽으로 조금 더 기울어질 것은 자명하다. 그러나 아빠도 아빠보다 키가 크고 덩치가 큰 누군가와 탄다면 가벼운 쪽으로 올라가게 된다. 무게는 늘 상대적인 것이다. 삶도 그렇다. 내가 가진 살의 무게로는 누군가보다 무거울 수 있을지라도, 내가 짊어진 삶의 무게로는 누구보다 가벼울 수 있고, 내가 가진 경제적 가치의 무게나 생각의 무게는 이쪽에서는 새털처럼 가벼울 수 있어도 저쪽에서는 무거운 쪽으로 내려앉을 수 있다. 세월이 무게 추 같다고 하여도 그것은 모두에게 같은 무게가 아니다. '사람이 무거우면 얼마나 무거워야'하고 또 '가벼우면 얼마까지 가벼워도'

되는지 알 수 없다. 시인은 무게에 대하여도 쉽사리 지나치는 법이 없다. 항상 무겁게 살아야 하는 것도 아니고 항상 가볍게 있어야 하는 것도 아닌 것을 알지만 알맞은 그 때가 언제인지를 늘 고민한다. '얼마나 무거워야' 언제 어디서든 누구에게서든 무거운 존재로 내려앉을 수 있는지, 또 '얼마까지 가벼워야' 높이 오르며 늘 홀가분한 인생을 살 수 있는 것인지 생각해 본다. 시인은 늘 생각하고 고뇌하는 직업이지만 정답을 위한 고민은 아닐 것이다. 그럼에도 불구하고 시인은 '생각은 그놈의 침묵' 같아야 한다고 말한다. 침묵은 말이 없음이다. 할 말이 없는 것이 아니라 참고 입을 닫는 것이다. 생각도 마찬가지라고 여긴다. 생각이 많다고 그것을 모두 해낼 수는 없다. 오히려 더 복잡해질 뿐이다. 침묵처럼 조용한 생각. 그러나 '행동은 그녀의 봄날'처럼 해야 한다고 시인은 말한다. 그녀의 봄날이 구체적으로 어떤 봄날일지 독자들은 알 수 없지만, '그'도 아니고 '그녀'라면, 겨울도 아니고 '봄날'이라면 우리는 충분히 이해할 수 있다. 부드럽고 따뜻함이 깃든 행동은 우리 삶의 무게 추처럼 중심을 잡아 주리라는 것을 말이다.

①

어느 날 문득 인생의 물음표가 말을 걸어오면
알고 있던 얘기 무심코 말하지 마세요
인생에는 정답 오답 뒤섞여 있으니

한번쯤 익숙지 않던 길로 들어서도

길은 또 다른 길 알려줄 테니

디카시 <말을 걸어오면> 전문

②

그 추웠던 겨울이 없었다면

오늘처럼 눈 시려운 계절은 오지 않았으리

디카시 <오늘> 전문

시인이 시를 창작하는 과정은 외적인 경험을 통해 깨닫게 된 것을 자신만의 직관적 언어로 사유하고 표출되기에 이른다. 경험할 수 있는 대상이 먼저 존재 해야만 표출될 수 있다는 말이다. 어디에 있었던 물음표였는지 몰라도 시인은 어떤 공간에서 마주 보이는 사물을 보고 물음표를 떠올린다. 물음표는 무언가에 대한 궁금증, 질문에 대한 상징적 기호이다. 시인이 살아오면서 수많은 호기심과 궁금증을 품었던 경험이 존재하지 않았다면 시인이 보았던 이 사물은 그저 하나의 쓸모없는 덩어리에 지나지 않았을 것이다. 대부분의 사람에게 이 사물은 몸을 이용하는 것과 관련된 것일지 모르나 유독 시인에게 이 사물은 사유를 상징하는 범위로 확대된다. 경험으로 인해 시인은 대상을 보자마자 물음표라는 상징적 언어를 생각해 냈으며 그것을 '인생의 물음표'로 표출하기에 이르렀다.

살면서 우리는 많은 질문을 받는다. 타인에게도 받으

며 자신에게도 스스로 질문을 할 때도 많다. 질문에는 늘 답을 해야 한다. 그러나 시인은 섣부른 결론이나 자만을 허용하지 않는다. '어느 날 문득 인생의 물음표가 말을 걸어' 오더라도 '알고 있던 얘기 무심코 말하지 마'시라 충고한다. 내가 살아오면서 스스로 터득했던 많은 대답들을 왜 이야기하지 말라고 하는 것인가. 천천히 다시 생각해보노라면 '무심코'에 의미가 쏠린다. 자신이 알고 있는 것이 모든 질문에 대한 정확한 대답인 듯 '무심코' 내뱉는 다면 그것은 사유의 상징인 물음표가 아니라 타인에게 상처를 주는 무기로 작용할 수 있다는 숨은 뜻을 볼 수 있다. 인간에게 궁금증을 상징하는 '?' 이 기호는 물고기에게는 죽음으로 이끌 수 있는 낚시 고리의 모양과 같은 것이니까. 그러면서 시인은 '한번쯤 익숙지 않던 길로 들어' 선다고 해도 그것이 실패가 아님을 다시 충고해준다. '길은 또 다른 길 알려줄' 것이라는 대답은 아는 길이 아니더라도 괜찮다는, 잘못된 길이더라도 그것이 '틀림'이 아닌 또 다른 길의 '발견'이 될 수 있음을 알려준다. 오히려 이 대답은 인생의 물음표에게 던지는 가장 아름다운 대답이 아닐까.

두 번째 시를 보자. 이 시 역시 경험을 통한 사유의 표출을 보여주고 있는 시이다. 시인은 '그 추웠던 겨울'이 얼마나 혹독한 계절이었는지 외적인 경험을 통해 충분히 알고 있다. 혹독함이 없었다면 지금의 평화는 진정한 평화로 느끼지 못할 수도 있다. 겨울이 있었기에 따듯한 봄이 기다려지는 것이고 여름이 있었기에 시원한 가을이 고맙기까지 한다. 그뿐인가 그저 평범한 일상이 행복

임을 깨닫기 위해서는 '사건'이 터진 뒤에야 가능하다. 시인은 그것을 알기에 '추웠던 겨울이 없었다면', '오늘처럼 눈시린 계절은 오지 않았'을 것이라고 이야기한다. 겨울에 대한 경험 없이 지금의 계절을 맞았다면 그것은 그저 그런 시간들 중의 하나이다. 그러나 혹독함이 있었기에 '눈시린 계절'이 반갑다. 혹독함은 추위를 몰고 왔고 추위는 세상의 모든 만물을 얼어붙게 했다. 모든 것이 흐리게 존재하는 계절이다. 푸르름은 사라지고 싱싱함은 시들고 부드러움은 갈라진다. 그 뒤에 오는 새싹과 싱그러움과 따듯한 바람은 실로 반가운 것이 아닐 수 없다. 이것으로 모든 인간이 경험을 통해 깨닫고 깨달음을 직관적 언어로 바꾸어 생각하고, 정리된 생각을 표현할 수 있는 대상임을 다시 한 번 느끼게 된다. 시인은 초록이 싱그러운 장면 속 꽃을 보고 그 뒤에 숨겨졌던 계절까지 관통해 볼 수 있는 혜안의 눈을 가지게 되었다. 그것은 곧 세월을 버티며 경험으로 쌓은 지혜의 눈이다.

①

건우야

엄마 회사 가 ㅆ 다 오 ㄹ 게

회사 가기 싫어?

ㅇ ㅡ ㅇ

내가 안 가게 해 줄까?

응

생각해 봤는데에
할미한테 머리 열나는 것 같다고 말해

<쉿> 전문

②
유치원에서 돌아온 손자, 할미! 할미!

유단이가 아, 힘들어 하며 이렇게 했다
하면서 고개를 할미 어깨 위에 기댄다.

그래서 너는 어떻게 했어

응, 그냥 웃었어

손자 얼굴이 아침 햇살이다

디카시 <첫사랑> 전문

우리는 태어날 때부터 어느 공간 속에 속해 있다. 우주이기도 하고 하늘아래 땅이기도 하고 거기에 태양과 바람, 별과 달이라든지 바다와 강 같은 자연에서부터 주위에 모든 사람, 멀거나 가까움 혹은 무겁거나 가벼운 것, 크거나 작은 것들도 존재 한다. 이러한 존재를 느끼는 것은 공간적 실체에 대한 경험에 의한 것이다. 작가의 상상에 힘입어 우리에게 보여 지는 세계, 즉 상상에 의한 가시적 공간은 시에서 다시 이미지라고 불린다. 이미지는 공간만 다른 공간으로 변형시키는 것이 아니라 시인이 가진 정서나 이념 같은 것들도 시적 공간으로 변형시킬 수 있는 대단한 힘을 가진다.

양성수 시인에게는 삶에 대한 깊은 통찰력이 있다고 말한 바 있다. 그 통찰력으로 진지하게 시간과 공간을 해석하기도 하지만 때로는 그 통찰력은 시인 자신이 살아온 시간과 공간을 따라 해맑게 살아가고 있는 손자, 손녀들이 가지고 있는 순박한 세계를 관통하기도 한다. 시인은 상상을 통해 자신의 손자들이 가진 순수함이라는 정서를 기상천외한 시적 세계로 구축시킨다.

①의 시에서는 아이를 두고 출근해야 하는 맞벌이 엄마의 갈등이 담겨있다. 아이를 두고 발걸음 가볍게 회사에 가는 부모가 세상에 어디 있으랴. 힘든 일을 하기 싫어서라기보다 아이를 두고 일터로 나가야 하는 엄마의 무거운 마음은 회사에 '갔다 올게'라는 쉽고 짧은 한 마디를 '가 ㅆ다오 ㄹ게"로 따로 따로 늘어지게 표기하는 것에 고스란히 담겨있다. 쉽게 떨어지지 않는 발걸음, 그래서 늘어지는 마음은 글자의 늘어짐으로 대신한다. 그 마음을 순박한 아이는 금방 알아챈다. 그래서 엄마를 달래듯 '회사 가기 싫어?'라고 질문한다. 이 질문은 대답을 듣고 싶은, 대답을 위한 질문이 아닐 것이다. '회사 가기 싫어?'라는 질문 속에는 '엄마 힘들지?' 혹은 '엄마 힘들겠다'라고 하는 아이의 위로가 숨겨져 있다. 그리고는 '내가 안 가게 해줄까'하며 엄마가 회사에 가지 않아도

되는 방법이 있다는 듯 무거운 발걸음 속의 엄마를 위로한다. 엄마도 안다. 아이가 안 가게 해준다고 안갈 수 있는 회사가 아니고 안 가게 해 준다 해도 정말 안 가게 해주는 것이 아님을. 하지만 아이의 그 순수한 물음표 안에는 정말 안 가 게 해주는 방법에 대한 궁금증이 아닌 엄마의 무거운 마음을 달래주는 만병통치약 같은 해법이 숨어 있다. '할미한테 열나는 것 같다고 말해'라는 한 마디의 대답은 읽는 어른들로 하여금 가슴 뭉클함을 선사한다. 얼마나 기상천외한 시세계인가 말이다. '열나는' 감기의 증상은 아이에게 휴식을 제공하는 최대의 처방전이다. 그리고 집안의 어른이라고 생각하는 '할미(할머니)'에게 그것을 보고함으로써 유치원결석을 허가 받았을 아이의 정서를 기준으로 봤을 때 엄마를 쉴 수 있게 해 줄 방법은 '열나는' 증상이었을 것이다. 시인은 아이의 순수한 정서를 엄마의 출근길이라는 시적 시간 혹은 시적 공간과 접목시켜 구체화 시키고 있는 것이다. 엄마가 출근 준비를 하는 시간, 엄마가 바깥(회사)으로 출근을 해야 하는 내부 공간을 통해서 시인은 아이의 순수함을 이미지화 시켜 독자들에게 보여주고 있다. '아이는 참 순수하다'라고 직접적으로 말하지 않고 시인은 손자를 통한 여러 경험을 통해 아이의 순수함을 파악했고 아이가 엄마에게 던지는 몇 마디의 말을 이미지화시켜 아이들의 세계를 표출시키고 있다. 이런 시적 형상화를 통해 독자는 쉽게 아이들의 순수함을 알아챌 수 있는 것이다.

②의 시는 또 어떤가. 손자를 유치원에서 픽업해 오는

길에 시인은 또 다시 순수한 세계를 발견한다. '첫사랑'은 처음 겪는 사랑에 대한 감정으로 어떤 기대나 희망 없이 상대방을 좋아하게 되는 순수한 사랑이다. 어른들은 첫사랑을 겪고 몇 번의 사랑을 거듭한 끝에 상대방에 대한 기대치와 조건, 기준 등이 생기게 마련이다. 그러나 아이가 겪는 첫사랑은 아무 기대나 조건이 없다. 아이의 첫사랑은 그래서 더 맑은 감정으로 들여다 볼 수 있다. 아이는 그 아이를 좋아한다, 사랑한다 말한 적 없으나 시인은 아이의 웃는 얼굴을 보고 순수한 첫사랑을 떠올리게 되었다. '유단이가 아, 힘들어 하며 이렇게' 했다고 말하는 손자. 이렇게는 곧 '고개를 어깨 위에 기대'는 행위였다. 같은 유치원에 다니는 유단이라는 이름의 아이가 손자의 어깨 위로 고개를 기댄 모양이다. 무거운 고개를 자신의 어깨 위에 기대는 친구를 보고도 무겁다, 저리 치워라 하고 반응하지 않고 '응, 그냥 웃었어'라고 말하는 손자의 세계는 티끌없이 맑은 순수함 그 자체다. 힘들어하는 상대방을 위해 자신의 어깨를 내어주고도 웃을 수 있는 사랑, 그것이 바로 첫사랑이었다. 시인은 아이의 하원 길에서 맑은 첫사랑의 감정을 읽어내고 있다. 보이지 않는 사랑이라는 감정은 아이의 하원 길, 할미에게 보여주는 손자의 웃는 얼굴을 통해 가시적 세계로 변화한다. 그것이 시인의 힘이다.

글 좀 쓴다고
아침 저녁 고슬고슬한 밥이
월말이면

카드값 결제할 돈이 나오는 것도 아닌데
시어가
시적표현이 어쩌구 저쩌구
행이
연이 이렇고 저렇고 머리 싸매는
넌

네 글
푸른 하늘에 먹을 갈아 새길만 하더냐

<비 갠 하늘> 전문

시가 무엇인지는 사실 그리 간단한 문제가 아니다. 논리적으로 설명할 수 없는 예술이면서 그렇다고 마구잡이로 쓴다고 인정받을 수 있는 장르도 아니다. 하지만 사람들은 세상에 태어나는 것이 처음이지만 그래도 저마다 생각과 방법을 가지고 인생을 살아나가듯이 시도 그럴 것이다. 시가 무엇인지 정답을 내리기는 어렵지만 저마다의 체험과 정서와 인식을 바탕으로 시를 만들어 나가고 있는 것이다. 무슨 대단한 업적을 이루는 것도 아니고 대단한 인정을 받는 일도 아니다. 시를 쓴다는 것은 어쩌면 자신과 끝없는 싸움이다. 그렇다고 누군가가 시를 쓰는 일을 하지 않으면 우리의 삶은 퍽퍽한 살아나기에 지나지 않는다. 우리가 살면서 어렵지만 인생은 무엇인가 끊임없이 그 정의를 생각하지 않을 수 없듯이 누군가 시는 무엇인가 질문하여 가치 있는 삶을 실행에 옮

기고 증명하지 않을 수 없다.

'글 좀 쓴다고 아침 저녁 고슬고슬한 밥'이 알아서 차려지는 것도 아니고 '월말이면 카드 값 결제할 돈'이 하늘에서 뚝 떨어지는 것도 아니다. 시인은 누구보다 그것을 잘 안다. 오히려 고실고실한 밥은커녕 죽도 못 사먹을 만큼 가난을 면치 못할 수도 있고 카드 값은 고사하고 원고료도 제대로 받을 수 없는 현실 앞에 좌절해야 할지도 모른다. 그래서 시인 앞에는 언제나 '가난한'이라는 대명사가 붙을 지경이다. '네 글 푸른 하늘에 먹을 갈아 새길만 하'냐고 스스로에게 부끄러운 질문을 던져보지만 뒤돌아보면 당당하게 '네'라고 대답할 수 없는 부끄러운 머뭇거림이 기다릴 뿐이다. 하지만 시인의 부끄러움은 죄를 지은 후회가 아니다. 당시대의 정신과 사회상이 담겨있는 뼈아픈 반성이다. 예술은 철저히 내면 세계를 구현하는 장르이며 시인의 내면 세계를 표출해 내기 위해 필요한 것이 언어라는 상징물이다. 시인의 미묘한 내면적 감정의 차이들은 바로 이 언어의 다양한 표현 방식으로 구체화되는 것이다. 언어의 '다양한' 표현 방식을 구축해 내는 일은 바로 시인의 경험을 통해서다. 좀 더 간략하게 말하자면 시인의 내면 세계를 표출하는데 있어 언어가 필요하긴 하지만 경험 없는 언어는 공허한 울림 같을 뿐이다. 경험에는 시인 자신의 개인적인 경험도 있겠지만 사회를 살아가는 '우리'라는 개념을 벗어날 수 없으므로 시인의 경험은 곧 그 시대의 정신이며 그 시대 자체다. 시인은 죽을 때까지 ' 네 글 푸른 하늘에 먹을 갈아 새길만 하냐'는 물음에 '네'라고 답할 수 없을지 모르지만 시인은 죽을 때 까지 시대를 관통하며 반성하고 시대를 반영하며 창작해야 한다. '시적표현이 어쩌구 저쩌구 행이 연이 이렇고 저렇고 머리 싸매는' 일은 결국 돈이 나오는 일도 아니고 밥이 나오는 일도 아니지만 시인이라면 당연히 해야 할 '가치 있는' 일인 것이다.

양성수 시인은 시를 통해 자신의 시간과 공간을 차곡차곡 기록해 나가고 있다. 이 기록의 작업은 결국 시인이 살아온 세월을 고스란히 반영하는 일이다. 시인이 살아온 세월 속에는 다시 우리가 살아온 시간이 있고 우리가 살아온 공간이 있다. 말하자면 시인이 살아온 시간과 공간은 우리가 살아온 시간과 공간이 만나는 '시대상'이다. 양성수 시인은 햇살 한 줌, 바람 한 결에도 귀를 기울일 줄 알고, 함부로 아무 말이나 내뱉지 않는 겸손함이 있다. 세월을 견디며 반성할 줄도, 혹독한 계절을 겪으며 따듯한 봄을 감사할 줄도 알고 아이들의 순수한 세계도 깊이 들여다 볼 줄 안다. 하루아침에 이루어지지 않은 시인의 사유는 오랜 세월을 견뎌온 대가다. 그러기에 사유를 언어로 표현하는 일은 더 어려운 일이다. 언어를 표현한다는 것은 다시 새로운 언어를 만들어 내는 일이기 때문이다. 창조가 얼마나 어려운 일이던가. 시인은 그럼에도 불구하고 오늘도 그 어렵고 가치 있는 일을 기록하고 있다. 우리는 편하게 기록 속의 시간과 공간을 읽어내기만 하면 될 일이다.

목차

2부 마음이 걸려 올려질 때

해설

양성수

• 임실군 관촌에서 출생
• 하사관 전역 후 자영업을 거쳐
• 지금은 인테리어 기능직 종사
• 복사골 문학회 회원 소향시 동인
• 시집으로는,
『살며 살며 살아가노라면 1 · 2』
『철조망에도 걸리지 않는 바람처럼』 등이 있다

양성수 시집
자네 밥은 먹고 다니시는가
초판인쇄 | 2018년 1월 15일

지 은 이 | 양성수
펴 낸 이 | 김선희
만 든 이 | 구자룡
펴 낸 곳 | 산과들

도서출판 **산과들**
경기도 부천시 원미구 중동로248번길 86 (중동) 706호
대표전화 010 · 6270 · 5557
pcadmac@chol.com
ISBN 89-90918-89-803810
값 12,000원

※저자와 협의하여 인지를 생략함